UN MOT

SUR

LES PÉTITIONS COLLECTIVES.

PARIS,

LE NORMANT, IMPRIMEUR-LIBRAIRE,
RUE DE SEINE, N° 8, PRÈS DU PONT DES ARTS.

MDCCCXX.

Cet Opuscule étoit imprimé, il alloit paroître, lorsqu'un frénétique a commis l'attentat affreux qui a plongé la France dans le deuil. Quelques individus signalés dans mon écrit ont depuis été écartés ; on a remplacé des ministres. On se demande si le système du ministère a changé : une loi long-temps attendue a été proposée, mais l'incertitude de notre avenir n'est pas dissipée : l'horizon politique est toujours obscurci ; déja la foudre nous a frappés. Les nuages planent encore sur nos têtes, ils pèsent sur notre atmosphère, ils nous menacent : répandus çà et là, un souffle suffit pour les réunir, et, chargés des vapeurs qui ont d'abord formé l'orage, en s'amoncelant ils peuvent éclater de nouveau, et nous anéantir. Les funestes effets des doctrines anarchiques répandues avec audace nous sont connues ; les opinions san-guinaires, niaisement ou à dessein respectées, ont obtenu toute la latitude dont on avoit besoin pour conseiller, pour tenter, pour consommer le crime ; de nouveaux forfaits sont médités. N'est-il pas temps de détruire l'influence que peuvent exercer au nom des lois les apôtres de cette secte régicide qui trouve des moyens de persuasion dans la promesse des spoliations et du pillage, et qui poursuit l'exécution de ses arrêts avec la facilité qu'elle a obtenue de multiplier les assas-sinats ? Souffrira-t-on plus long-temps que les séides de cette religion impure, qui a déjà produit tant de fanatiques, puissent agir de concert, présenter leurs projets, en calculer les suites, les discuter en termes qui servent à populariser leur morale, et concevoir l'espérance de les voir adopter, en marquant du sceau de la réprobation ceux qui auroient le courage de rejeter leurs propositions ou leurs ordres ?

Non : espérons qu'une telle licence sera réprimée ; la sûreté de l'État l'exige ; espérons qu'en ôtant aux factieux le droit d'émettre leur vœu au milieu du sénat, ils seront réduits à comploter sourdement, se voyant privés de l'appui des éternels défenseurs qui voudroient encore les protéger, et de l'éloquence des avocats qui surmonteroient la honte de plaider une telle cause devant l'assemblée des Français.

UN MOT

SUR

LES PÉTITIONS COLLECTIVES.

Les discussions politiques nous offrent sans cesse des exemples de l'abus des principes les plus imposans, et du faux emploi des mots; chaque jour la manie de propager des systèmes, et des théories au moins inutiles quand elles ne sont pas dangereuses, prend un nouvel accroissement : de nombreux zélateurs les appuient sur des intérêts généraux, et se croyant forts pour les avoir ainsi fondés, ils les revêtent de mots sonores qui flattent les oreilles d'une multitude irréfléchie ; les principes que ces génies malfaisans proclament, n'étant pas d'abord contestés, passent au sentiment du vulgaire pour des vérités immuables : ainsi accrédités, ils font naître une foule de conséquences, toutes plus bizarres et plus ridicules l'une que l'autre, et ces dérivés d'un accord premier, produisent alors, par un crescendo toujours plus bruyant, une musique révolutionnaire, où la dissonance souvent n'est pas sauvée, mais toutefois bien capable d'étourdir les auditeurs, et de plaire aux oreilles fausses qui prennent ce charivari pour une harmonie véritable.

Les droits de l'homme, la liberté et l'égalité ont été placés par les premiers compositeurs de la musique révolutionnaire, comme les sons graves de leur base fondamentale; ils y ont trouvé comme dérivés les droits du peuple, la sûreté individuelle, la résistance à l'oppression, la division des pouvoirs; et, au moyen des accords par supposition, le gouvernement représentatif, le libre vote des impôts, l'admission de tous aux emplois, la liberté des cultes, le jugement par jurés, et enfin le droit de pétition. On pourroit, peut-être, contester l'existence possible de presque toutes ces garanties, et démontrer qu'elles ne peuvent former les clauses d'un contrat social permanent et durable. Mais de telles discussions auroient des conséquences trop sérieuses; elles fourniroient des volumes, et la controverse qu'elles amèneroient finiroit par élever un si grand nombre de questions incidentes, que, voulant être jugé par mes pairs, l'intelligence des jurés qui m'écherront pourroit nuire à l'expression de leur conscience. Je me verrois peut-être condamné sur le fond sans oser en appeler, ou bien je serois obligé de me pourvoir en cassation pour défaut de formes, et si j'étois renvoyé devant le tribunal de l'opinion publique, ma cause, à tel point compliquée, et presque tombée en confusion, ne pourroit pas me laisser espérer un jury assez perspicace pour débrouiller un tel chaos; car les jurés, en littérature comme au barreau, sont en général des citoyens probes, et bien établis, mais le plus grand nombre, grâce au ciel, sait bien

(5)

mieux diriger sa maison, labourer son champ, chanter, danser, et jouer à l'écarté, que résoudre des questions abstraites discutées d'abord à charge et à décharge, par M. le procureur-général, et ensuite posées par M. le président avec toute la clarté possible. L'ambition est de toutes les affections celle qui nuit le plus à l'infortuné qui en est atteint ; sachons la borner, et profitons, pour ne pas le suivre, de l'exemple de ces écrivains qui raisonnent longuement sur des choses qu'ils ignorent, disant très-positives des nouvelles démenties le lendemain, comme aussi de l'exemple de tant d'éloquens orateurs qui parlent à tout propos, et qui, à fin de discours, concluent d'après des argumens communiqués, sur des thèses dont ils n'ont jamais bien compris la matière.

C'est par ces considérations que, voulant faire une brochure, je m'étendrai seulement sur une des prétentions que nos coryphées libéraux veulent faire admettre par une assemblée dont la majorité ne cède pas toujours à la force de leur logique. Cette prétention, c'est de souffrir qu'une petite portion du peuple puisse manifester devant l'aréopage assemblé sa volonté bonne ou mauvaise, juste ou injuste, raisonnable ou absurde, pacifique ou hostile, de telle sorte que le simple vouloir, les complimens, les adulations, les injures, la colère, ou les menaces d'une poignée de cerveaux brûlés, et de rêveurs politiques, influent en quelques circonstances sur les délibérations d'une assemblée auguste, sans doute impartiale, patiente, courageuse, inébranlable, puisqu'elle est chargée en toute confiance par la nation entière d'assurer son bonheur et de présider à ses destinées. Telles sont en effet les conséquences du droit de pétitions collectives quand elles ont rapport à des objets de droit public, ou à des questions législatives. Mais si le danger d'une telle franchise accordée à des brouillons turbulens paroît évident aux yeux des gens sages et réfléchis, s'ils voient dans cette immunité un moyen permanent de troubler l'ordre établi, et de tenter le renversement du gouvernement monarchique, de semblables vérités seroient vraisemblablement contredites par ces avocats, et ces délégués nés du peuple, avocats sans pouvoirs, délégués sans mandats, qui plaident, et qui agissent bénévolement au nom d'une masse de citoyens qui n'a jamais été bien définie, et qui travaillent au bonheur des générations futures en semant les germes des dissensions qui doivent les aider à se déchirer, et à s'entretuer pour obtenir une félicité temporelle. Ces missionnaires de l'égalité pourroient aussi défendre un dogme de leur croyance en disant que cette arme de leur salut n'est redoutable qu'aux ennemis du peuple, qu'à ces anciens privilégiés, gens incorrigibles qui désirent encore la stabilité des institutions sociales.

Il vaut donc mieux, afin de lever tous les scrupules, essayer de prouver aux champions qui combattent en faveur des pétitions collectives, que ce privilége est contraire aux droits que le monarque a accordés aux Français, subversif des principes sur lesquels est fondé le gouvernement représentatif, dangereux pour la liberté, et que l'exercice de ce droit peut devenir en passant dans des mains perfides une armé meurtrière, une jonglerie politique, un élément de discorde et de trouble, enfin un manifeste de sédition et de révolte. Depuis long-temps le système des compensations prévaut en France ; grâce à M. Azaïs, de verbeuse mémoire, et d'une verve toujours féconde, nous avons aussi appris de son généreux patron que rien ne peut marcher aujour-d'hui sans des concessions accordées à propos, qu'on a dû mettre dans une balance l'action du gouvernement qui, au moyen de poids et de contre-poids qu'on y place, garde tant bien que mal l'équilibre sans lequel tout le mouve-ment s'arrêteroit inopinément. Ma production est si légère que, renonçant au pouvoir des contre-poids qui m'emporteroient au-delà des bornes, je m'en tiendrai aux concessions comme le seul moyen d'adoucir mes adversaires, en leur laissant une petite compensation très-consolante.

J'abandonne donc le droit de pétition indi-viduelle à sa destinée, et je lui adjoins les péti-tions des corporations et des compagnies signant avec la plume de leurs commissaires, et de leurs syndics, en le restreignant aux choses d'un intérêt qui leur appartient. En effet, je lui trouve alors peu d'inconvéniens ; je ne crains pas qu'il trouble l'ordre public ; il a même quelquefois un caractère de franchise et d'inno-cence qui le recommande à l'attention et à tout l'intérêt de la nation : j'admire, en le considérant de plus près, le dévouement et le respect profond de nombre de nos élus pour nos droits les plus minces ; leur patience et leur stoïcisme me con-fondent ; quand je réfléchis qu'ils écoutent sans

sourciller, et même avec complaisance, les pétitions de MM. *** qui demandent, les uns,
500,000 fr., pour les désintéresser de 50,000 fr.
qu'ils ont prêtés dans un moment de détresse;
les autres, des places ou des brevets d'invention,
ou bien la pétition de Mme *** qui se plaint avec
raison que son mari ne veut pas qu'elle guérisse
d'une maladie chronique en usant de l'efficacité
d'un remède de bonne femme. Alors je m'at-
tendris, je crois voir dans ces pères conscrits
de bons pères de famille prenant part aux niai-
series de leurs enfans, s'amusant avec eux de
leurs joujoux, et caressant leurs caprices pour
en obtenir de la docilité, et pour acquérir
leur tendresse. La sensibilité en politique a
de graves inconvéniens; aussi je me garderai
bien de l'étendre aux œuvres de ces enfans per-
dus de la Propagande, qui, habitués de tripots
et de repaires révolutionnaires, y ont contracté
de terribles habitudes, et qui, fiers d'avoir se-
coué le joug des préjugés, ne se font plus qu'un
jeu d'employer la ruse, la duplicité et le crime
pour parvenir à leurs fins. L'expérience m'a
appris que dans les mains de tels ouvriers, de
tels adversaires, le moindre instrument, s'il est
tranchant, perçant ou contondant, suffit pour
mettre à fin les plus étonnans travaux, et pour
causer des blessures où le poison dans lequel
ils sont trempés porte, sans pouvoir y remé-
dier, la corruption et la gangrène. Les pétitions
collectives sur des objets politiques sont une de
ces armes dangereuses qu'il faut interdire afin
d'en éviter les coups et les effets; elles n'ont
d'ailleurs aucun avantage : si le corps gouvernant
auquel elles sont adressées est composé de

membres impassiblés, et il doit l'être, elles sont inutiles ; s'il est assez foible pour se laisser influencer, elles ont les conséquences les plus fâcheuses, et dans cette dernière hypothèse la stabilité du gouvernement en est sans cesse menacée. Elles sont contraires aux droits du peuple, et à la part qui lui est accordée dans l'action du gouvernement ; ces droits et cette action ne peuvent être exercés que par délégation, et l'on doit supposer que les délégués suivent et expriment la volonté du plus grand nombre des citoyens qui composent la nation. Or, les pétitions collectives sur des questions politiques n'ont jamais été, et ne peuvent jamais être que l'expression d'une très-petite minorité. La plus fameuse, connue de nos jours, est la pétition des dix-neuf mille cinquante-trois hommes et femmes. Comme tout se perfectionne, on a trouvé récemment pour une pétition d'un autre genre, le secret d'élever le nombre des signataires à quarante mille, ce qui fait à peu près la quatre cent quarante-unième partie des habitans de la France ; or, n'est-ce pas blesser les droits du peuple et les méconnoître, de prétendre que les représentans de vingt-huit millions d'hommes, dont ils sont les mandataires ; que ces représentans, dis-je, organes de la volonté nationale et défenseurs des droits de tous, soient mus, dirigés et influencés par une poignée de rêve-creux, d'agitateurs et de factieux qui nous donnent leurs lubies pour des principes, et leurs menées pour des entreprises patriotiques ? Combien cette prétention paroît plus ridicule encore, si, venant à rechercher les signataires

de cette imposante pétition, on reconnoît que
le vœu qu'elle exprime est celui d'un très-petit
nombre d'individus qui ne sont pas d'accord
sur les principes qui l'ont fait naître! Com-
mençons par la dépouiller des noms de tous
ceux dont on a mendié les signatures, et qui
ont été amenés à l'adopter par la peur qu'on leur
a inspirée d'une dépendance, d'un esclavage et
d'une oppression dont ils n'ont jamais souffert,
parce que rien de tout cela n'a existé ; ou si l'on
veut absolument y croire, parce que ces fléaux
ont disparu avec les mœurs barbares qui les
avoient produits ; cette opération réduiroit vraisemblablement cet acte irrégulier, et même
illégal, à une si foible expression qu'elle devien-
droit presque nulle. Cherchons ensuite le
nombre de ceux qui ne savent pas trop ce
qu'on veut dans la pétition qu'ils ont souscrite,
et qu'ils ne l'ont ni méditée ni lue : les uns
parce qu'on n'est guère en état de méditer quand
on sort du cabaret, et les autres parce qu'ils ne
savent pas lire, bien qu'ils écrivent au besoin
leur nom presque lisiblement. Ajoutez ensuite
les signataires complaisans qui n'ont pas voulu
courir le risque en refusant cette preuve de
déférence de perdre la pratique, les conseils ou
les secours des régulateurs de la prospérité publique, et enfin les signatures fausses (il y en a
jusqu'à six de suite, de la même écriture) ; ne
faut-il pas être bien ennemi de son pays pour
refuser son adhésion à un vœu si positivement
exprimé, et par une portion si nombreuse et si
recommandable de la nation qu'on travaille à
rendre heureuse en dépit d'elle-même ? Voilà
cependant le bienfait qu'ont rejeté les membres

les plus éclairés de la représentation nationale, gens qui n'écoutent qu'avec défaveur les besoins et les vœux du peuple, qui regrettent les anciens abus, qui voudroient nous voir tous attachés à la glèbe, courbés sous la corvée, et serfs esclaves de leurs ordres absolus. Le plus fâcheux encore, c'est que ces représentans barbares et inhabiles sont disposés à n'écouter aucune pétition aussi solidement appuyée et revêtue, comme celle-là, de la sanction de la majorité des commettans qui les ont choisis pour veiller à leur tranquillité et au maintien de leurs droits les plus chers.

Les pétitions collectives sont-elles d'accord avec le système du gouvernement représentatif? Ce gouvernement dans une monarchie tempérée comme la France, est composé de plusieurs pouvoirs; ils doivent se renfermer chacun dans les limites qui leur ont été tracées par une charte qu'a accordée à ses sujets le Roi appelé au trône par droit de naissance. Les lois à venir ne peuvent être faites, et avoir force, que par le concours des trois pouvoirs. Un seul des trois, et c'est le Roi, qui a l'exécution des lois, en en chargeant ses ministres, peut en proposer de nouvelles, et il n'a besoin pour user de ce droit que de sa propre volonté, sans être obligé de s'enquérir du vœu de la nation. Comment donc, sans changer la nature du gouvernement, quarante mille individus, ou un plus grand nombre, pourroient-ils dire, afin d'en être écoutés, à un des trois pouvoirs, la proposition que le Roi vous a faite, ou va vous faire, nous déplaît? Nous vous demandons de la rejeter, et si vous n'ayez pas égard à notre vœu, nous vous ménaçons, de l'animadversion du peuple, qui, si vous le mécontentez, peut vous briser à son gré, comme il a su vous soutenir. C'est en vain que l'on opposeroit que les pétitions contre lesquelles on s'élève, sont de pures doléances, et ne peuvent jamais exprimer des menaces semblables. Ces menaces sont sous-entendues : si le gouvernement ne doit pas craindre de rejeter ces pétitions, à quoi servent-elles? et quel est le but de ceux qui, après les avoir dictées et fait colporter, les font insérer dans les journaux d'un parti, qui les discutent, et qui proclament leur excellence du haut de la tribune, d'où leur voix retentit dans toute la France? Eh quoi! les propositions des lois, les discussions politiques, sont défendues dans les colléges électoraux composés, il faut le croire, des gens les plus recommandables de la nation; les mesures relatives aux élections tendent toutes à empêcher les ambitieux, et les bonnes gens qu'ils persuadent, d'exercer aucune influence sur les membres qui les composent; la Charte réprouvant tout esprit d'innovation a interdit, même aux membres de l'assemblée qui représente le peuple entier, de proposer des lois, et il seroit permis à tous les gens sans aveu, aux ivrognes, aux repris de justice, au rebut de la nation, de s'entendre pour émettre un vœu, pour dicter aux députés leur opinion, pour leur tracer la marche qu'ils doivent suivre; et ces honnêtes pétitionnaires pourroient, avec l'autorisation et l'approbation du gouvernement, après s'être concertés, après avoir établi leur correspondance d'un bout de la France à l'autre, après avoir séduit les simples, effrayé les foibles, espérer que leur volonté, décorée du nom de pétition, sera écoutée et renvoyée au bureau des renseignemens, avec la chance de voir un jour leur chef-d'œuvre honoré d'une discussion, et peut-être d'un assentiment qui rendra des citoyens aussi actifs les arbitres des destinées de tous les Français ?

Non : ce n'est pas avec cette forme que le peuple peut être écouté ; ce n'est pas ainsi qu'il doit prendre part à l'action du gouvernement. Il ne peut y intervenir, y élever la voix, y émettre une opinion que par l'intermédiaire des délégués, des mandataires qu'il a librement élus, en jouissant, à l'abri des lois, du droit que lui a accordé le Roi, par sa Charte, de choisir lui-même ses représentans.

Ces représentans chargés d'une mission si importante ne doivent pas écouter une portion du peuple, ni épouser l'opinion de quarante mille individus ; ils doivent discuter, voter, agir sans aucune considération, sans autres guides que leurs lumières, et la persuasion qu'ils ont trouvée dans les débats. Qu'ils soient blâmés ou approuvés par quarante mille citoyens, peu importe, c'est au nom de la nation entière qu'ils parlent ; c'est pour elle qu'ils agissent, et, comme il est impossible de connoître positivement la volonté d'une majorité qui ne peut ni se réunir, ni s'entendre, ils ne doivent avoir d'autre règle, d'autre moteur, d'autres sentimens qui inspirent leurs discours, qui influencent leurs délibérations, que leur conviction et leur conscience. C'est parce que le peuple les a considérés comme les hommes les plus capables de la nation, c'est parce qu'il a compté sur leur intégrité, sur leur courage, et sur leurs vertus, qu'ils sont, dans l'exercice de leurs fonctions, seuls juges des motifs d'une conduite que l'on peut apprécier, mais jamais condamner ni punir, à moins qu'ils ne se soient rendus coupables de crimes ou d'attentats contre la sûreté du gouvernement.

Si la représentation nationale est corrompue, et sa majorité vendue à un parti, alors les pétitions sont sans effet; si cette majorité est saine et attachée au gouvernement, elle n'a pas besoin d'appui : les pétitions ne peuvent servir qu'à seconder la minorité, et à agir par l'effet de la crainte sur les âmes foibles. Elles ne sont jamais l'ouvrage des hommes probes, et des citoyens paisibles qui attendent d'un Roi juste, d'une assemblée calme et réfléchie, des actes sagement médités, mûrement discutés, et sanctionnés par la bonne foi pour assurer le bonheur de tous. Ces pétitions doivent toutes leur naissance à ces brouillons politiques qui se servent d'une minorité impuissante parce qu'elle est divisée en suivant les localités, pour en former une masse qui usurpe les prérogatives de la majorité au nom de laquelle ils parlent sans qu'elle les approuve. Combien de démarches n'ont-elles pas coûté aux directeurs des opinions populaires ! On les a vus, après les avoir composées, y faire des amendemens et des sous-amendemens, les envoyer au loin à l'approbation des affiliés, les refondre, les arrêter enfin, puis, en dépêchant les messagers de la ligue audacieuse, les porter à la signature des coryphées de le révolution, qui, à leur tour, les ont fait revêtir de la signature de quelques visionnaires, puis de celle des frères et amis, enfin du sceau de la tourbe ignorante et crédule qui ne voit, qui ne pense, qui n'agit que par les yeux, par l'esprit, par la volonté de ceux qui l'ont si souvent opprimée, et dont elle a été constamment le jouet et la dupe depuis trente ans.

Des actes aussi irréguliers, et si contraires aux principes du gouvernement qui nous régit, ne peuvent jamais servir à le consolider, et leur destination est toujours de le détruire : ces actes menacent donc la liberté ; je ne parle pas de cette liberté vagabonde qui aime à braver les Rois, le pouvoir, les usages, et les mœurs, qui pousse les hommes à ne suivre que leurs caprices, à s'abandonner à leurs passions, qui leur dit qu'on peut tout faire, tout risquer, tout oser, en conservant, des lois de l'honneur et du frein des mœurs, seulement ce qu'il en faut pour éviter le châtiment ; mais de cette liberté sage et positive qui nous permet de jouir en toute sécurité des avantages que nous offre le contrat social, de faire valoir les droits qu'il a accordés à tous, de penser et d'agir, sans craindre d'être opprimés par un pouvoir arbitraire, de conserver notre croyance, de pratiquer notre religion, qui nous permet enfin de léguer à nos enfans, avec la stabilité du gouvernement qui l'assure, un avenir de tranquillité et de bonheur, dont une liberté factieuse et révolutionnaire les priveroit un jour.

C'est au nom de cette liberté que je parle ; qu'elle soit enfin comprise, qu'elle soit écoutée, que les délégués de la nation la préservent des atteintes que chaque jour on lui porte ; qu'ils paralysent les tentatives de ceux qui veulent la

détruire ; qu'ils rejettent les vœux de ses ennemis, et que, forts par le pouvoir légitime du
Roi qui les a appelés, ils se pressent autour de
lui pour soutenir son trône, pour le rendre
inébranlable, et pour conserver toutes les garanties qu'il a données aux Français, et qui leur
ôtent la crainte de retomber encore sous le joug
d'un pouvoir usurpé, arbitraire et oppresseur.

IMPRIMERIE DE LE NORMANT, RUE DE SEINE.

www.ingramcontent.com/pod-product-compliance
Lightning Source LLC
Chambersburg PA
CBHW061227050726
47594CB00008B/3835